Couvertures supérieure et inférieure
manquantes

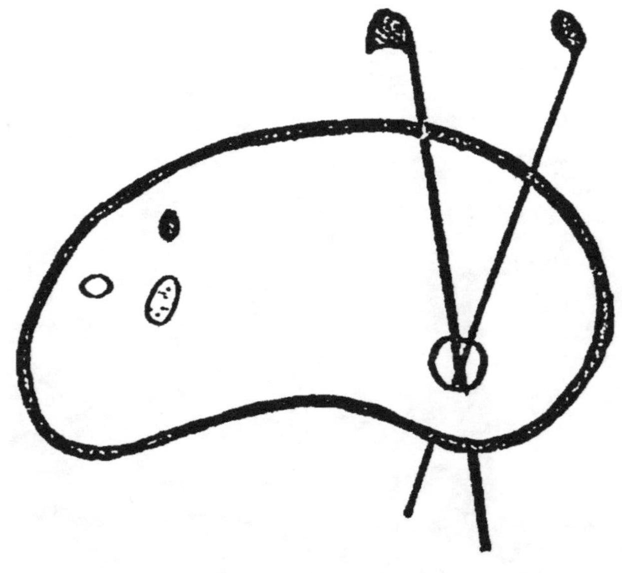

DEBUT D'UNE SERIE DE DOCUMENTS
EN COULEUR

COUP-D'ŒIL SUR L'ÉGLISE SAINT-FRONT

Cathédrale de Périgueux.

Arras. — Typ. Rousseau-Leroy.

COUP-D'OEIL

Sur l'Eglise

SAINT-FRONT

CATHÉDRALE

DE PÉRIGUEUX

PAR

M. l'Abbé P. DION.

> « ... Ce mystérieux Saint-Front,
> « monument vraiment hors ligne et
> « digne des plus sérieuses études. »
> (*Ann. archéol.*, t. XI, p. 87)

ARRAS

TYPOGRAPHIE ROUSSEAU-LEROY

2C, rue Saint Maurice

—

M. DCCC. LXVI.

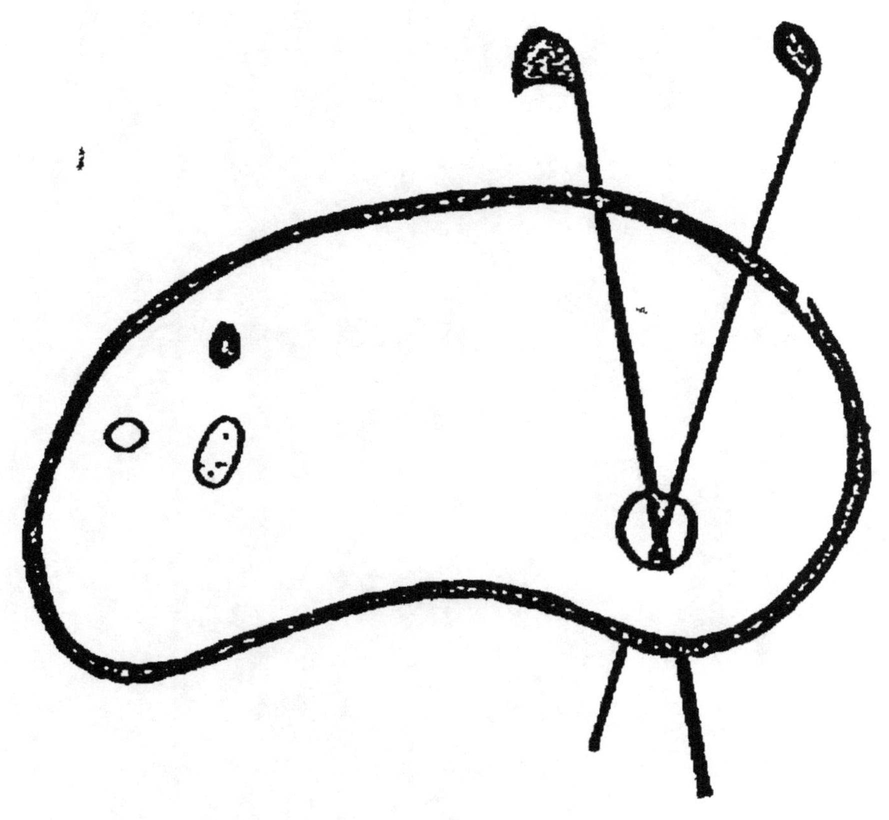

FIN D'UNE SERIE DE DOCUMENTS
EN COULEUR

A LA MÉMOIRE VÉNÉRÉE

de Monseigneur

JEAN – BAPTISTE – AMÉDÉE GEORGE

ÉVÊQUE

DE PÉRIGUEUX ET DE SARLAT

Enseveli dans ladite Eglise Saint-Front
dont il avait très-bien mérité
durant sa vie,

HOMMAGE

SUR

L'ÉGLISE SAINT - FRONT

Cathédrale de Périgueux.

1.

Saint Front fit bâtir un oratoire « à l'honneur de la Vierge au Puy-Saint-Front [1]. « Ce grand apôtre avait aussi érigé à la Cité, outre une église sous le titre de Saint-Étienne, un sanctuaire sous l'invocation de saint Pierre, appelé par le vulgaire Saint-Peylaney, c'est-à-dire Saint-Pierre-le-Vieux, « et que la tradition dit être la plus ancienne du Périgord ». « Je crois pourtant, ajoute le P. Dupuy, qu'il faut donner la préséance à l'oratoire qu'il avait dressé pour son usage au Puy ou montagne hors la ville, à l'honneur de la Vierge, qui depuis porte le nom de Puy-Saint-Front [2]. »

Belle et touchante tradition qui nous montre le culte de Marie dans les fondements mêmes de l'Église de Périgueux.

Auprès de cet oratoire furent déposés les corps sacrés des saints Frontaise, Séverin et Sévérinien, disciples de saint Front, martyrisés pour la foi. C'est le saint évêque lui-même qui rendit ce pieux

-----

[1] Dupuy, *Estat de l'Église du Périgord*, 1, p. 50.
[2] Ib. p. 61.

devoir à leurs restes précieux, « lequel ayant recueilli les corps des saints martyrs les fit ensevelir dans une crypte souterraine, près son oratoire [1]. »

Le martyre devait donc consacrer ce lieu et le rendre encore plus vénérable. Il faut du sang pour faire germer les grandes idées; il en fallut surtout pour faire prospérer la sainte Église catholique. La mort violente des fidèles fut la loi générale des premiers siècles du christianisme : il y eut toutefois des exceptions. « Dieu ne permist pas que ceux qui avaient eu le cœur transpercé du glaive de douleur à la mort de Jésus-Christ, leur Dieu et leur Maître, subissent de rechef le glaive douloureux et sanglant du martyre comme la Vierge, saint Jean, la Magdelaine, Marthe sa sœur, son frère Lazare et Maxime, auxquels nous pouvons adjouter quelques autres disciples. Je ne fais point de doupte d'y colloquer notre apostre... [2]. » Saint Front mourut donc en paix. Son corps fut « mis avec hymmes et cantiques dans le sépulchre choisi dans l'oratoire de la Vierge [3], » où il « évapora une odeur de Paradis [4]. »

Ainsi un très-glorieux confesseur du Seigneur vint reposer à côté des martyrs, et ce lieu, tout embaumé du culte de la Vierge et de l'odeur du sang versé pour Jésus-Christ, fut encore rempli, par surcroît, du parfum des prières, des larmes, des vertus apostoliques, et honoré enfin de la sépulture bienheureuse du saint fondateur de l'Église du Périgord.

---

[1] Ib. p. 63. — Il est à remarquer que les Bollandistes, au tome I de Janvier, sous le XIe jour, p. 79 de l'ancienne édition, placent le martyre de ces saints sous Claude, au premier siècle. « *Passi sunt sancti martyres* IV *nonas Januarii, Claudio imperante.* » St Silain martyrisé avec eux, fut enseveli à part. Ce texte se retrouve également au tome I de la réimpression, page 79. La note que les rééditeurs avaient cru devoir donner à ce sujet à la page 721 du même volume est fort heureusement expliquée par ce qui est dit au tome XI d'octobre, p. 392 : « *Sine controversia, coœvi sunt* SS. *Martialis et Fronto.* » Or, sans controverse solide, saint Martial est un saint du premier siècle.

[2] Dupuy, p. 85.

[3] Ib. p. 85.

[4] Ib. p. 69.

Au sixième siècle, après quatre cents ans de luttes de toute sorte, fidèlement et tristement reproduites dans nos vieilles annales, un temps plus propice se leva sous l'épiscopat de Chronope. Cet illustre pontife, dont Fortunat, de Poitiers, composa l'épitaphe si connue [1], s'attacha à rétablir toutes choses. Les temples sacrés brûlés par les barbares excitèrent sa compassion : il voulut leur rendre leur beauté première :

Templa exusta celer revocasti in culmine prisco.

Le tombeau de saint Front attira naturellement son attention. Pour honorer la mémoire et protéger les reliques du saint confesseur, il bâtit une église et y fit placer son corps sacré. « Ce fut le 6 octobre qu'on fit ce transport, avec beaucoup d'hymnes, cantiques et magnificences [2]. »

Ce second édifice était construit près de l'oratoire de Notre-Dame élevé par saint Front lui-même, « duquel, dit le P. Dupuy, il n'y a pas cinquante ans que les fondements furent découverts près la nef de l'église qui fut bâtie à son honneur par Chronope [3]. » Dans un autre endroit, le chroniqueur de notre Église précise davantage la place de cet oratoire, en disant qu'il était « du costé que nous voyons aujourd'hui le grand degré près de l'autel dédié à sainte Catherine [4]. » Ce grand degré est l'escalier qui descend de l'Évêché à la Cathédrale. L'autel de sainte Catherine « était encore naguère contre le gros pilier du sud-ouest du centre de la croix [5]. » Par conséquent, le tombeau de saint Front se trouvait à peu près en avant de l'angle formé par les galeries nord et est du cloître de l'Abbaye, vers le lieu occupé par l'ancienne chapelle de

[1] Dupuy, p. 110.
[2] Ib. p. 125.
[3] Ib p. 85. C'est-à-dire environ 1580.
[4] Ib. p. 125.
[5] Taillefer, *Antiquités de Vésone*, II, 519. — Quelques écrivains contestent ce point. De ce nombre est M. de Verneilh, *De l'Architecture Byzantine en France*, p. 80. L'inspection des lieux et l'examen des traditions paraissent militer davantage en faveur du sentiment de M. de Taillefer.

l'Évêché, aujourd'hui détruite. Chronope « fit colloquer cette précieuse relique au milieu de la nef qui nous reste encore de ce segond édifice, du costé du cloistre [1], » et, comme l'explique M. de Taillefer, au centre de la nef principale de la vieille église, c'està-dire vers le milieu de l'emplacement qu'occupe le clocher [2].

L'église bâtie par Chronope était remarquable. Les anciennes chroniques l'appellent basilique nouvelle, *basilicam novam* [3]. On ne peut s'empêcher de croire que ce monument n'était autre que la belle église latine située à l'ouest de la cathédrale actuelle, à partir du clocher, si admirablement décrite dans les *Antiquités de Vésone* par MM. de Taillefer et de Mourcin, au chapitre vi du tome ii, pages 439-471, et tout récemment par M. Félix de Verneilh, dans son *Architecture byzantine en France*, pp. 91-99. Il reste des fragments curieux et précieux de cet antique édifice. La façade subsiste en partie, et on en voit encore les nefs sous le clocher actuel, avec les *confessions* qui y étaient construites [4]. « On tenait singulièrement à la conservation de ces vénérables sépulchres. On peut assurer qu'ils n'ont pas peu contribué à régler les dimensions de la grande église byzantine [5]. » La confession du midi avait été consacrée à saint Front. Les peintures à demi-effacées qu'on y voyait se rapportaient aux funérailles d'un saint personnage. C'était là le « segond édifice » abritant le corps de saint Front, « différent en fabrique du troisiesme bastiment, qui sera fait par Froterius [6]. » Ce passage du P. Dupuy donne clairement à entendre que l'église byzantine de Frotaire a immédiatement remplacé l'église latine de Chronope.

Ce « bon évesque » voyant le premier monastère de Saint Fron-

---

[1] Dupuy, p. 125.
[2] *Antiq. de Vés.* ii, 519.
[3] *Ancien propre Sarladais* de 1677, p. 206.
[4] « Ce qui en reste, le porche et sa façade, les confessions et une partie des nefs, appelle un intérêt certainement supérieur à celui qu'excitent même aujourd'hui le monument dit le Baptistère à Poitiers, et le monument dit la Basse-Œuvre à Beauvais. » *Ann. arch.* tome xi. p. 218.
[5] F. de Verneilh, *Archit. Byz.* p. 96.
[6] Dupuy, p. 125.

ton basti par Chronopius tout ruiné, bruslé et mis en désolation par les dernières guerres, desseigna de bastir un plus magnifique et beau que le premier, nommé par excellence grand monastère [1], *hic episcopus cœpit œdificare magnum monasterium S. Frontonis.* » Cette indication se trouve dans un manuscrit du XIIᵉ siècle, conservé par les chapelains de saint Antoine, reproduit par le P. Labbe dans sa Bibliothèque. « Grand monastère » signifie l'ensemble de l'Abbaye et surtout l'église dont le cloître et les lieux réguliers n'étaient que l'appendice.

Frotaire de Gourdon occupait le siége de Périgueux à la fin du Xᵉ siècle. Le *Gallia Christiana* fixe l'époque du commencement des travaux, ce serait l'an 984 [2]. Sous Martin, fils de Boson-le-Vieux, comte de la Marche, évêque de Périgueux immédiatement après Frotaire, et qui mourut l'an 1000, Eyna bâtit la chapelle de Saint-André : *Et ipsa œdificavit capellam sancti Andreœ* [3]. Cette chapelle était au chevet, à l'est de l'église, dans la partie édifiée de nouveau au XIVᵉ siècle par le cardinal de Périgord.

La nouvelle et gigantesque basilique de Saint-Front fut consacrée l'an 1047, un mercredi. « *Anno Domini MXLVII, Feria IV, magnum monasterium sancti Frontonis dedicatum est ab Aymone, Bituricensi archiepiscopo.* » Cet archevêque de Bourges visitait alors l'Aquitaine pour y soutenir ses droits de primatie contre l'archevêque de Bordeaux. Le P. Labbe, dans sa Bibliothèque, nous a conservé cette date qui se trouvait dans le grand livre de saint Silain [4]. Le P. Dupuy la rapporte II, p. 10. On la voit encore dans les Mémoires du chanoine Tarde, p. 106. Le *Gallia Christiana*, édition de M. DC. LXVI, tome III, p. 857, fixe le jour de cette consécration, *XII calendas Aprilis*, le douze des calendes d'avril, c'est-à-dire le 21 mars, fête de saint Benoist [5].

---

[1] Dupuy, p. 215.

[2] Tome II, p. 522.

[3] *Gall. Christ* II, 1459.

[4] Labb. *Biblioth.* II, 737. Mém. de Lépine, MS de la biblioth. imp. I, III, p. 17.

[5] Cette circonstance pourrait peut-être donner une vraisemblance de plus au sentiment qui affirme que l'Abbaye de Saint-Front était une abbaye Bénédictine.

L'architecture de Saint-Front justifie pleinement cette date. C'est le sentiment des archéologues. Ne citons que M. de Verneilh et après lui le savant abbé Lebeuf, et, parmi les étrangers, M. le baron de Quast, inspecteur général des monuments historiques de Prusse.

Cette date est glorieuse. Elle fait, pour nous servir des expressions de l'un de nos derniers pontifes, du vieux Saint-Front le « patriarche de nos antiques cathédrales [1]. »

Humble sanctuaire de Marie abritant le corps de l'apôtre du Périgord, église latine, basilique byzantine, ainsi d'âge en âge s'est développée par des accroissements successifs et remarquables la cathédrale actuelle de Périgueux.

---

[1] Congrès archéologique tenu à Périgueux en 1858. Discours de Monseigneur George, p. 16.

II.

Imposante croix grecque, formée par cinq coupoles byzantines, sœur ou fille de Saint-Marc de Venise, écho lointain de Sainte-Sophie de Constantinople, ce magnifique édifice a toujours frappé l'attention des savants. MM. de Taillefer et de Mourcin en ont donné une description minutieuse et, à quelques détails près, d'une parfaite exactitude[1]. M. Félix de Verneilh en a fait l'objet d'une analyse très-estimée dans son beau livre de *l'Architecture byzantine en France*. De tels maîtres n'ont rien laissé à dire. Il faudra toujours en revenir à leurs admirables travaux quand on voudra connaître notre vieille basilique. Les *Annales archéologiques* ont payé pareillement un tribut mérité à notre cathédrale : « A ce mystérieux Saint-Front, monument vraiment hors ligne et digne des plus sérieuses études[2]. » Nous devons à M. Schnaase,

---

[1] *Ant. de Vésone*, tome ii, pp. 269-541. La longueur du monument prise hors-d'œuvre et y compris le vestibule, était de 124 mètres; la largeur non compris les porches latéraux, de plus de 60 mètres. La hauteur du clocher, selon les calculs de M. de Mourcin, de 62 mètres. Si on prend toutes les constructions élevées à Saint-Front avec le monastère et le cloître si remarquable par son style et son ancienneté, hélas! et si ignominieusement enfoui, « on a un monument énorme, dont la longueur totale dépasse 120 mètres et s'égale ainsi aux plus grands vaisseaux du XIIIe siècle, » dit M. de Verneilh, p. 45.

[2] *Annales archéologiques*, tome xi, p. 87.

conseiller à la cour de cassation de Berlin, une notice remarquable sur Saint-Front, « ce merveilleux monument », et sur l'école de Périgueux. M. Viollet-le-Duc, dans son *Dictionnaire raisonné de l'architecture*, a démontré et suivi dans une carte spéciale le rayonnement du clocher de la cathédrale, « le plus ancien de toute la France, et même, on peut le dire, le seul clocher byzantin qu'il y ait au monde [1]. » Si un historien a pu reprocher aux Périgourdins de passer insouciants au pied de leur étonnante cathédrale, cette plainte aujourd'hui serait sans fondements, et Saint-Front a reconquis parmi nous, au dedans comme au dehors, le triomphe légitime du plus unanime respect et de la plus universelle admiration.

Moins orné que le roman, moins élancé que le gothique, le genre byzantin est plus majestueux. Cette construction grandiose, formée de cinq grandes coupoles dessinant une croix grecque terminée par un clocher élevé, dans laquelle la pierre intervient à l'exclusion de tout autre élément, est l'une des plus belles expressions de l'idée religieuse. Église orientale placée comme une exilée au fond de l'Occident, elle doit à cette position extraordinaire un charme nouveau. « Un édifice byzantin, dit M. de Verneilh, se trouve transplanté tout d'une pièce au fond de nos provinces, dans une de nos petites villes ; il est étranger à notre

---

[1] *Arch. Byz.* p. 145. — « Malgré la mauvaise exécution et la bizarrerie de quelques détails d'ornementation, c'est une conception vraiment belle et originale que ce clocher de Saint-Front, couronné à soixante mètres par une coupole. Quoiqu'il soit un peu postérieur à l'ensemble de la basilique nous le donnons sans hésitation pour le plus ancien clocher de France, et jusqu'à la fin du XIe siècle, nous n'en connaissons même point qui le vaille. Il n'a guère à notre connaissance d'analogues dans l'Orient. » — « La calotte qui termine le clocher est voûtée en coupole conique, c'est-à-dire en cône légèrement renflé. Elle a 8 mètres de haut sur 7 de diamètre ; elle est entièrement revêtue d'imbrications renversées ou d'écailles. C'est comme une gigantesque pomme de pin. Nous ne connaissons pas d'exemple d'une aussi grande coupole élevée à une telle hauteur sur de si frêles appuis ; et cependant combien sa mauvaise construction n'ajoute-t-elle pas à sa hardiesse ! » *Ib.* p. 54. — Dans les manuscrits de M. de Lépine, t. IV, p. 256, on trouve une description de ce clocher prise du « *côté de l'Evesché* ». C'est Mgr de Prémeaux qui l'a faite dans une lettre du 22 juin 1750.

climat, isolé dans notre art national. Comment, par quel concours de circonstances extraordinaires cela a-t-il pu se faire[1] ? » A cet égard, deux hypothèses se présentent. Un architecte aura visité Venise, assisté à la construction de Saint-Marc, et, à son retour, aura reproduit à Périgueux la célèbre basilique. Ou bien, un homme de l'Orient sera venu au centre de la France, et y aura bâti notre cathédrale. Des médailles byzantines ont été retrouvées à Périgueux ; nous savons qu'au moyen-âge les Vénitiens avaient fait de Limoges un centre important de trafic. L'histoire nous apprend qu'au commencement du XIe siècle des moines grecs Siméon et Cosmas, demeuraient à Angoulême, et que des religieux orientaux construisaient des églises sur d'autres points de la France. Or, le plan, la charpente osseuse, les proportions de Saint-Front et de Saint-Marc sont identiques[2]. La seule différence, c'est que, autant Saint-Marc est riche et élégant, autant Saint-Front est pauvre et grossier. Rien n'est par conséquent plus plausible que la seconde supposition : un homme de l'Orient est venu bâtir notre cathédrale.

Il convenait aussi, ajoutons-le, qu'une église du genre byzantin abritât « de ses lignes orientales[3] » le tombeau sacré d'un disciple du Sauveur venu de la Judée. Il y avait ainsi une harmonie frappante entre le tombeau qui illustrait la basilique, et la basilique qui contenait le tombeau de celui qui était parti de l'Orient pour visiter nos pères assis, à l'Occident, dans les ténèbres et à l'ombre de la mort.

Les archéologues ont également suivi le rayonnement de notre basilique, et il se trouve que, non-seulement en Périgord, mais

---

[1] *Arch. Byz.* p. 124.

[2] *Ibid*, p. 13 et suiv. La longueur de la croix dans l'œuvre est de 54 mètres à Saint-Front, de 60 à Saint-Marc ; les hauteurs des coupoles centrales de ces églises varient de moins d'un mètre. Une légère différence se trouve aussi dans l'élévation des grands arcs. — Saint-Marc se dessinait sous la main de l'architecte en 985, et, vers 984, Frotaire commençait sa basilique.

[3] *Apostolat de Saint-Front au 1er siècle*, p. 96. — La plus touchante liaison de destinées n'a cessé d'exister entre la basilique et le culte du saint Apôtre du Périgord. Aujourd'hui, par le plus heureux retour, tradition et église sortent à la fois de leurs ruines.

encore sur divers autres points de la France, elle a servi de modèle à plusieurs constructions byzantines. L'énumération de ces imitations de Saint-Front se trouve dans le livre de M. de Verneilh : ne citons que la cathédrale de Cahors et celle d'Angoulême. Dans le diocèse, outre l'église de la Cité, on rencontre au moins vingt-cinq églises à série de coupoles. Elles sont énumérées dans le *Congrès archéologique de Périgueux*, page 78. On peut ajouter à ce nombre l'église de Coutures, près Verteillac.

L'ornementation de Saint-Front dont le genre divise encore les archéologues, n'est pas moins digne d'attention que l'architecture elle-même. On y remarque aussi l'emploi du nombre symbolique *trois*, reproduit en toutes manières.

Ce rayonnement par voie d'imitation est le premier fait qui ouvre l'histoire de l'église Saint-Front. Grâce à ce magnifique monument, l'école byzantine du Périgord a droit de figurer parmi les grands styles régionaux et de prendre place sur la carte monumentale de la France.

Les grands arcs de Saint-Front, qu'on avait si justement appelés *les plus anciennes ogives du monde*, ont également une très-grande importance dans l'histoire de l'architecture gothique. Il est vivement à regretter de les voir entièrement disparaître, sans qu'on ait pu les sauver.

III.

En 1120, un violent incendie éclata au Puy-Saint-Front ; le monastère fut brûlé, les cloches furent fondues dans le clocher, beaucoup d'hommes et de femmes périrent victimes de ce désastre. Le P. Dupuy [1] et le P. Labbe [2] nous ont conservé le texte de la chronique de saint Antoine, qui en parle ainsi : « *Burgus Sti-Fontonis et monasterium cum suis ornamentis repentino incendio, peccatis id promerentibus, conflagravit atque signa in clocario igne soluta sunt.* » La chronique de Maillezaie, en fait mention en ces termes : « *Incensum est monasterium sancti Frontonis, cum multis hominibus et feminis* [3]. Cet incendie laissa des traces sensibles « en plusieurs endroits de l'église du costé de l'Abbaye [4]. » On conçut pour la solidité du clocher les plus vives inquiétudes et l'on se hâta de réduire les dimensions de toutes ses fenêtres, comme on le voit encore aujourd'hui. Celles d'en bas furent entièrement fermées, excepté une.

La grande église du monastère de St-Front, tant qu'elle ne renfermait pas les restes sacrés de l'apôtre du Périgord, était

[1] *Estat.* II. p. 31
[2] *Biblioth.* tome II. p. 738.
[3] Ib. p. 219. — *Ant. de Vésone.* tome II. p. 490.
[4] Dupuy. p. 31. « Au moins la coupole du pied de la croix montre-t-elle par ses pierres éclatées et surtout rougies les atteintes d'un feu violent. » De Verneilh. p. 43.

comme un corps sans âme, une châsse sans reliques. En 1261, Pierre de St-Astier, évêque de Périgueux, qui mourut à Limoges religieux dominicain, fit l'invention du corps de saint Front et publia à ce sujet le procès-verbal si connu, donné par le P. Dupuy [1]. L'illustre pontife avait dessein de préparer une châsse pour recevoir et conserver dignement le précieux trésor découvert par ses soins : *In capsâ nobili*. Mais, prévenu par la mort, il ne put exécuter son projet. Le pape Eugène, par la Bulle *Piam Sanctorum*, 1441, autorisa le déplacement et la translation des reliques de saint Front. Toutefois, ce fut un évêque religieux de l'ordre de St-François qui réalisa la pensée conçue par l'évêque religieux de l'ordre de St-Dominique. Pie II, dans la Bulle *Laudabilis* du 14 des calendes d'Oct. 1462, accordant une indulgence plénière pour cette translation, employait ces expressions remarquables : «*Filius noster Ludovicus Rex Francorum illustris et plures alii principes ad eumdem Sanctum singularem gerant devotionis affectum... ut per omnes mundi fines gloria prædicti S. Frontonis, discipuli D. N. J. C. dilatetur et in Sancta Catholica Ecclesia per amplius sublimetur*[2], »
Vers la fin de mai (le 25 ou le 27) 1465, Élie de Bourdeilles, «l'évesque de Sarlat et son oncle l'évesque de Rieux, célébrèrent l'élévation du corps du bienheureux saint Front, colloquans à part son chef, dans un grand tabernacle qu'il avait fait élever et richement élabourer au milieu du chœur, basti de lames de cuivre, esmaillées et dorées, renfermé de grilles de fer ; ouvrage d'un merveilleux artifice... [3] » On peut lire dans M. de Verneilh la description que donnait de ce monument le *Livre Rouge* de la ville de Périgueux [5]. Placé directement sous la coupole de la tête de la croix, il devait, et par sa forme et par son style, s'harmoniser admirablement avec la grande Abbatiale. C'était tout un petit édifice à la décoration duquel concouraient la sculpture, la mosaïque, les émaux [5].

<hr>

[1] *Estat.* II, p. 90.
[2] Lépine, Mss. t. 1, p. 319.
[3] *Estat.* II, p. 150.
[4] *Archit. Byz.* p. 607.
[5] Ib. *Ant. de Vésone*, II, p. 57.

Le sépulcre de saint Front fut, au moyen-âge, l'objet d'un pèlerinage célèbre. Le guide des pèlerins à St-Jacques de Compostelle indiquait à visiter à Périgueux le corps de ce saint pontife. Saint Géry, de Cambrai ; saint Hilaire, de Poitiers ; saint Just, étaient venus l'honorer. *Apud urbem Petragoricam visitandum est corpus B. Frontonis* [1]. Dès le temps de Chronope, on trouve un collége de religieux établi près des saintes reliques et chantant nuit et jour sans relâche les louanges de Dieu.

Les détails manquent sur l'Abbaye de St-Front. Elle était de l'ordre de St-Benoit ou de l'ordre de St-Augustin. Plus tard, elle fut unie à l'évêché et composée d'au moins vingt-quatre chanoines réguliers [2]. Les évêques y avaient leur sépulture. Très-

---

[1] *La Vie de saint Front*, par M. Pergot, curé de Terrasson. — Voir encore page 379.

[2] *Estat de l'Église du Périgord*, 1. p. 216. J. Chenu de Bourges, avocat au Parlement de Paris, dans son *Episcop. Galliæ chronologica historia*, Paris M.DC.XXI, p. 440, dit: «... *Regularis erat ordinis S. Augustini, a longo ævo in sæcularem ordinem conversa, in qua 20 canonici degunt.* » Ami de Mgr de la Béraudière, J. Chenu était venu, comme il nous l'apprend lui-même, visiter plusieurs fois l'illustre évêque de Périgueux. Il écrivit sur les manuscrits conservés alors : « *Veteres membranas et antiqua Ecclesiæ manuscripta lubenter et benevole communicavit.* » (Pour le dire en passant, cet auteur place l'apostolat de Saint-Front, au 1er siècle, p. 440.) D'un autre côté, Claude Estiennot, ayant rapporté que l'Abbaye de Puy-Saint-Front fut bâtie, comme l'atteste un manuscrit Périgourdin, par Chronope, vers 520 à peu près, détruite par les Normands, en 849, et restaurée par Frotaire, ajoute que dès lors il y avait des clercs soumis à l'évêque de Périgueux, *ut patet ex Brevi Urbani PP. III ann. M.CLXXVII, X cal. oct.*, et suivant la règle de saint Benoît, la seule alors connue. « *Verum, que sæculo Monachismum exuerint et canonici sæculares facti fuerint, haud satis scio, nec me id Sanfrontinianæ (quas evolvi et quæ paucæ sunt) docuere.* » (Ant. Bened. Petroc. c. VIII, fol. 63 et c. XV, fol. 100. — Lépine t. XXXV, p. 80 et suiv.) Une lettre du pape Grégoire IX, du 8 décembre 1235, apprend que le nombre des chanoines de l'Abbaye avait été porté à 30 par Honorius son prédécesseur. « On ignore à quelle époque les évêques de Périgueux ont commencé à prendre la qualité d'abbés de Saint-Front, et aucun des titres qu'on a pu recouvrer ne nous apprend en quelle année la Mense Abbatiale a été unie à l'évêché. Il semblerait cependant d'après un passage tiré de l'histoire de l'abbaye de la Chaise-Dieu en Auvergne que ce fut, en 1082, sous l'épiscopat de Reynaud de Thiviers. On n'a pas pourtant pu assurer ce fait. » (Lép. 1. 148, d'après un Mss. fond S. Germ. coté 5552, fol. 70.)

souvent, les Actes de leur vie se terminent dans les annales par ces mots : *Sepultus est in Sancto Frontone.* Frotaire y fut enseveli. Une grave altercation éclata quand Jean d'Assises, en 1169, fut inhumé à St-Etienne de la Cité. « Il y avait dans la diste église plusieurs sépulchres de chevaliers, cardinaux et évesques élevés en pierre. » A la fin du XIIe siècle, Pierre de Mimet ayant levé les corps de plusieurs de ses prédécesseurs, les avait placés du côté de l'autel de sainte Catherine, non loin du tombeau primitif de saint Front, et avait fait peindre leurs portraits le long du mur du midi de la coupole Ouest [1], Les cryptes et les alentours de la basilique étaient remplis de tombeaux en pierre et d'ossements qui s'entassaient autour des restes de saint Front. Le cardinal de Talleyrand fonda, le 28 juin 1347, la chapelle St-Antoine pour douze chapelains à perpétuité. Cette érection fut approuvée par le pape Clément VI. « Nous n'entrerons point dans le détail de tout ce que contenait le corps de l'église en autels et en chapellenies... Il n'y avait pas un recoin, pas un pilier qui ne fût consacré à un saint particulier [2]. » Ce qui achève de démontrer l'influence religieuse de la collégiale du Puy-St-Front, c'est qu'elle était en relations avec les grands monastères et chapitres de France, avec la Chaise-Dieu, en Auvergne, par exemple [3], qui lui envoyait le sculpteur du tombeau de saint Front, le célèbre Guinamond ; avec l'insigne chapitre de St-Cernin de Toulouse : *Hoc etiam tempore (an. 1000) Canonici Sancti-Saturnini Tolosæ et D. Frontonis fraternitatem inierunt* [4]. Ces détails rapidement indiqués montrent l'importance de la belle collégiale. De tous les monuments consacrés au culte du vrai Dieu, il en est peu qui présentent plus d'intérêt et plus de souvenirs. Le Saint-Siége la prit à plusieurs reprises sous sa protection. Nicolas IV, le 13 décembre 1289, accorda des indulgences à ceux qui la visiteraient aux fêtes de saint Front et à certaines autres solennités spéciales [5]. Enfin, ce qui met le comble

[1] *Livre Rouge. Ant. de Vésone* II, p. 507.
[2] *Ib.* p. 523. Canonicats fondés par Hélie. Lép. III, p. 451.
[3] *Archit. Byz.* p. 86.
[4] *Gall. Christ.* ed. MDCLVI, t. III. p. 856.
[5] Lépine, Mss. t. I, p. 264.

à tout, cette église fut un lieu miraculeux. Nos annales rapportent un grand nombre de prodiges que le Seigneur daigna y opérer par l'intercession de saint Front [1].

En 1276, l'évêque Hélie augmentant les prébendes de cette église, dit ces remarquables paroles : « *Attendentes quod ecclesia S. Frontonis Petragoricensis inter ecclesias provinciales maxime ratione antiquitatis et sanctissimi corporis B. Frontonis in eadem ecclesia quiescentis ob cujus merita frequenter ibidem multa fiunt miracula honorabilis et præcipua reputetur* [2]. » Des actes du Saint-Siége lui-même en font mention expresse.

Au point de vue de l'histoire civile, l'importance de Saint-Front n'était pas moindre. Le tombeau du saint apôtre avait été le germe du Puy-Saint-Front. Autour des églises qui abritèrent successivement ses augustes reliques, des habitations se bâtirent, se groupèrent et formèrent une petite ville non loin de l'antique Vésone, qui garda dans son enceinte la cathédrale et l'évêché. Peu à peu, l'importance de ce lieu s'accrut au point, que Suger l'éleva au rang de municipe et qu'on l'entoura de murailles pour en faire une ville forte. Les deux communes furent souvent en guerre l'une contre l'autre. Elles finirent par se réunir. Elles luttèrent vigoureusement pour leur mutuelle indépendance. « Peu de communes en France ont défendu avec plus de courage et de constance que celles de Périgueux et du Puy-Saint-Front, leur indépendance vis-à-vis des comtes du Périgord [3]. » L'Abbaye traitait avec les maires et consuls qui lui rendaient hommage [4] : elle faisait frapper monnaie, elle avait une quantité considérable de possessions, droits, fondations, hommages, patronages, nominations et présentations, dont le détail serait trop long et peu intéressant en ce lieu. L'histoire nous apprend qu'elle eut avec les habitants du Périgord et les comtes du Périgord de fréquents démêlés, souvent portés devant les rois de France. Saint Louis fut dans les meilleurs termes avec elle.

[1] Ib. I, p. 164.

[2] *Estat* I. p. 126 et 211. *Plurima miracula operari dignatus est*, dit la Bulle déjà citée d'Eugène IV.

[3] Art de vérifier les dates, v. IV, p. 177.

[4] Voir un exemple, Dupuy, II. p. 203.

IV.

Le 6 du mois d'août 1575, les protestants se rendirent maîtres de Périgueux. « Le pillage de la ville fut très-grand, au rapport des historiens [1]. La grande église de Saint-Front fut l'objet principal de la furie huguenotte, pillant, débiffant, rasant, ruinant tout ce qu'ils ne pouvaient enlever [2]. Ainsi, l'huguenot demeurant paisible possesseur, emploie l'année suivante, 1577, pour démolir totalement les couvents de Saint-François, Saint-Dominique, Saint-Augustin : l'église cathédrale... maintenant est mise en un monceau de pierre... autant préparait-il de faire à l'église Saint-Front ; mais ils craignent que les ruines de cette énorme masse de pierres n'accablât le tiers de la ville ainsi rendue inhabitable [3]. Les cloches sont fondues, les reliques desterrées... Les effigies des saints, des cardinaux, des évêques, des rois, des comtes furent renversées et foudroyées, surtout le magnifique tabernacle où reposait le chef du sainct apostre fut ruiné [4]. » Le *Livre Rouge* continue : «... Les tapisseries, fort riches et d'antiquité mémorable, furent volées, ainsi que les vaisseaux sacrés d'or et d'argent... livres couverts d'argent, avec images de la Passion et de la sainte Trinité, car n'en laissèrent un seul, ni les quatre croix grandes si riches, etc,, etc. [5].,.

[1] *Estat*, II, p. 203.
[2] Ib. p. 204
[3] Ib. p. 208.
[4] Ib. p. 204. — J. Chenu, *Chron. Epp*. p. 411.
[5] *Ant. de Vésone*, II, 507.

« N'osant détruire l'église Saint-Front, les protestants la privèrent de sa toiture. Elle « était découverte partout; de sorte qu'en peu d'années les voûtes, abreuvées des eaux pluviales, fussent tombées par terre [1]. » La pluie fit à peu près disparaître les peintures de la galerie faite par Pierre de Mimet [2], et la solidité de l'édifice entier commença à être compromise.

La tristesse qu'inspirèrent toutes ces ruines est éloquemment exprimée dans tous les documents de l'époque.

Les amis de l'art déploreront toujours, qu'au temps des révolutions, les passions des hommes fassent périr des trésors artistiques d'une valeur inestimable.

Enfin, après six ans, le 28 juillet 1581, jour de sainte Anne, les catholiques reprirent Périgueux sur les protestants; et « ladicte église fut promptement couverte ; c'est alors qu'on porta le chœur des chanoines qui était sous la coupole attenante au clocher dans la coupole de l'est. Le maître-autel qui était placé entre les deux piliers est du centre de l'église, fut reculé et placé « à l'entrée de la chapelle des vicaires de Saint-Antoine, » en sorte que les fidèles qui se trouvaient dans le principe dans la nef formée par les trois coupoles nord, centre et sud, entre l'autel et le chœur, purent se placer aussi sous la coupole ouest, dont le sol élevé fut aplani au niveau du reste de l'église.

La cathédrale Saint-Étienne étant presqu'entièrement détruite, « les deux chapitres cathédral et collégial s'assemblent en un même chœur qu'on dressa de nouveau dans l'église de Saint-Front, réconciliée et mise en assez bon estat [3]. » Malgré les efforts de Monseigneur de la Béraudière, Saint-Étienne, ne pouvant reprendre son antique splendeur [4], par une transaction du 11 janvier 1669,

[1] *Livre Rouge.* — *Ant. de Vésone,* ib.

[2] *Arch. byz* , p. 80.

[3] *Estat,* ii, p. 211.

[4] Cette église avait brillé d'un vif éclat. La Bulle *Ex injuncto* du pape Sixte IV du 31 Décembre 1477 l'appelle *insigne* parmi les autres cathédrales de France : « *Inter alias regni Franciæ cathedrales ecclesias insignis reputetur.* » Fondée par saint Front en l'honneur de saint Étienne premier martyr, elle renfermait un nombre considérable de reliques précieuses, entre autres celles du pape saint Léon : « *In qua corpus S. Leonis papæ* « (Voir à ce sujet le témoignage du pape Nicolas IV au tome iii des Mss. Lépine p. 88 et p. 448 et

approuvée par le Saint-Siége, la collégiale de Saint-Front devint cathédrale sous les titres réunis de Saint-Étienne et de Saint-Front. Les évêques se logèrent dans l'Abbaye [1].

Vers 1760, on éleva sur l'église la charpente en forme de croix carrée couverte d'ardoises, sorte de hangar, qui avait le double inconvénient de charger l'église et d'enlever sans nécessité absolue jusqu'aux derniers vestiges de la physionomie orientale de Saint-Front.

---

un passage de l'histoire de saint Léon par M. de Saint-Chéron.) Elle avait été rebâtie en même temps que Saint-Front et dans le genre byzantin. Odieusement mutilée par les protestants, on ne put la rétablir dans son état primitif. Les souvenirs qu'elle rappelle, ses malheurs, le départ de ses évêques, ses ruines encore visibles, tout inspire en cette vénérable église un grand sentiment de religieuse tristesse. Elle avait six dignités ou personats et quinze chanoines prébendés. La collégiale avait la dignité d'abbé « *unie à l'évéché de temps immémorial* », la dignité de chantre et dix-neuf prébendes. L'union des deux églises faite, il y eut trente-quatre chanoines — Le regrettable M. de Verneilh a consacré une étude fort intéressante à Saint-Étienne qui est encore un des ornements de la ville de Périgueux. — Voici en quels termes J. Chenu, cité plus haut, parle, d'après le témoignage des contemporains, des horreurs commises par les protestants à Périgueux : « Die 6 augusti 1575, novæ religionis sectatores ex improviso urbem invaserunt, tunc cathedralis ecclesia S. Stephano dicata et in civitate constructa extra promerium et muros urbis cum quatuor monasteriis religiosorum mendicantium funditus eversa est, pariterque domus episcopalis et ædes canonicorum ejusdem ecclesiæ præclaræ : monumenta S. Frontonis et aliorum confracta patefactaque sunt eruta e sepulturis cadavera in quibus adhuc aliqua species carnis inerat, pugione confossa, reliquiæ et ossa cæterorum dissipata et in fœtida loca per summam contumeliam dejecta, tunc multæ crudeliter et impie ibidem gesta sunt 6 annorum spatio quo urbs ab eis dominabatur, donec nobilium D. de Monthardy. et Joannis de Chilau D. de Fieu, civium Petracoricensium ope et auxilio, ab hæreticorum manibus urbs erepta fuit 1581, ut a primis civibus didisci annis 1613, 1615 et 1617 quibus per aliquot menses permansi in urbe quibusdam negotiis et litibus præpositus à comite de Barlemont et D. de Lalain ejus uxore. » (p. 441.) — Une gravure qui existe encore représente le clocher de Saint-Étienne, détruit par les Protestants Ce clocher ressemblait à celui de Saint-Front.

[1] Mss. de Lépine t. I, p. 374. Avant cet accord il y avait eu « de grandes contestations et procès entre les deux chapitres. » (*Ibid*. t. IV, p. 199.) Deux chanoines de Saint-Front firent opposition, disant que le chapitre de Saint-Étienne ne pouvait abandonner l'église de la cité « *bâtie il y a 1630 ans par saint Front.* » (Ib. p. 203 *verso*). Le chapitre de Saint-Étienne revenait faire le service divin à la chapelle du cloître de la cité, le 28 juin et le 3 août.

V.

Des jours mauvais se levèrent encore sur la cathédrale durant
la Révolution. Après avoir été souillée par le culte constitutionnel,
elle fut transformée en magasin, et la paroisse attenante à Saint-
Front, en *salle décadaire*.

Le 29 novembre 1801, la bulle *Qui Christi Domini* du pape
Pie VII lui ôta le titre de cathédrale et son chapitre. Elle fut des-
servie par le clergé paroissial. En 1817, le 6 des calendes d'août,
la bulle *Commissa nobis*, du même Pontife, la rétablit dans son
rang d'église cathédrale : *Petrocoriensem sub invocatione Sancti-
Stephani et Frontii*. La bulle *Paternæ charitatis*, donnée le 6 octobre 1822 pour l'exécution de la précédente, la maintint dans
cet honneur. En 1822, le 21 novembre, elle vit renouer, en la
personne de Mgr de Lostanges, la chaîne de ses pontifes, et en-
tendit recommencer sous ses voûtes antiques la psalmodie des
heures canoniales célébrées par un chapitre canoniquement insti-
tué. En 1856, au mois d'août, le troisième concile provincial de
la province de Bordeaux tint sous ses vieilles coupoles ses sessions
d'ouverture et de clôture [1].

[1] Avant la Révolution, le chœur des chanoines était placé sous la coupole
de l'est. Un mur ou jubé le séparait de la coupole centrale. Sous Mgr de
Lostanges, il fut établi dans la chapelle bâtie à l'est de la coupole orientale,
par le cardinal de Talléyrand. Plus tard, par suite des travaux entrepris
pour la réparation de Saint-Front, les offices capitulaires ont dû être célébrés

VI.

Le temps, qui détruit tout, avait porté de son côté à notre cathédrale des coups non moins rudes que ceux qu'elle avait reçus de la main de l'homme. Belle idée mal rendue, cette église, bientôt après sa construction, avait menacé ruine ; il fallut pour la consolider doubler les piliers et les revêtir de murs en pierre de taille. Par le laps des siècles, des lézardes se manifestaient de toutes parts et affligeaient les regards. Ces tristes symptômes se produisirent surtout dans les coupoles du Touin (du sud) et du Greffe (du nord). Le mal faisait des progrès rapides, et les piliers de cette dernière coupole se démolissaient de plus en plus. La destruction gagnait aussi la coupole de l'est d'une manière sensible. Dès 1826, M. de Taillefer jetait le cri d'alarme ; il s'écriait, en parlant de la restauration de Saint-Front : « Il devient d'autant plus nécessaire de s'en occuper, qu'avant peu, il ne sera peut-être plus temps ; car les causes de destruction se multiplient sans cesse, et doivent chaque jour nous effrayer davantage [1]. »

Ce cri fut entendu. Peu content de quelques palliatifs insignifiants ou de quelques réparations partielles et maladroites,

en divers endroits de la cathédrale : soit à l'ancien chœur, soit à l'autel de la coupole du Touin, soit à celui de la coupole du nord, soit à celui que l'on adossa provisoirement au mur qui séparait la coupole centrale de celle du nord et qui était tourné vers la place du Greffe.

[1] *Ant. de Vés.* II. p. 531.

Mgr George appela sérieusement l'attention du gouvernement sur l'état de sa cathédrale. On sait que la pensée de ce saint évêque ne cessa d'être sollicitée par ce grand objet. Nul n'ignore les démarches incessantes qu'il a faites, les soucis sans nombre qu'il s'est donnés pour restaurer son cher Saint-Front. Un des plus beaux jours qu'il promettait à son épiscopat était celui où il le verrait sortir de ses ruines plus brillant et plus beau. Il lui semblait, comme il le disait lui-même, qu'il dormirait plus doucement le sommeil de la mort sous ses coupoles renouvelées. A peine arrivé de chacun de ses voyages, sa première action était de descendre à la cathédrale et d'y constater l'avancement des travaux, impatient d'en attendre la fin. Il dota le clocher d'un carillon complet, fit don au chapitre d'un ostensoir aux dimensions colossales, coopéra à l'acquisition de trois beaux lustres dans le style de l'église, et désigna le sujet des vitraux de la coupole du nord, qu'il voulait consacrer à la sainte Vierge [1].

Quand, au 1er mars 1861, le drapeau flottait sur cette coupole terminée, le prélat était mort depuis trois mois sans avoir vu réaliser le plus cher de ses vœux. Monument de la vénération du diocèse entier, son tombeau byzantin, placé sous la coupole du sud, rappellera à la postérité ce grand évêque, dont on peut dire ce que le *Gallia Christiana* dit de l'un de nos vieux pontifes : *Estque sepultus in supradicta Sancti Frontonis ecclesia : de qua dum viveret optime meritus fuerat* [2]. Et il est enseveli dans ladite église de Saint-Front, dont il avait très-bien mérité durant sa vie.

La coupole du nord a été achevée par les soins intelligents de M. Abbadie et de M. Vauthier. Une belle photographie de M. Marville, photographe du musée du Louvre, reproduit admirablement ce côté restauré de notre Saint-Front, et nous donne à comprendre

---

[1] Ces vitraux ont été établis. Dans la verrière de l'abside, la Vierge-Mère est assise avec une gravité toute byzantine ; à droite et à gauche, dans de nombreux médaillons sont reproduites les principales scènes de sa vie et au-dessus se montrent les saints personnages qui lui furent unis par les liens de la famille ou qui prophétisèrent l'incarnation du Verbe.

[2] Tom. II, p. 1459.

combien imposant, combien étonnant sera tout l'édifice, quand il aura été entièrement refait dans la pureté de son style.

La coupole du centre est pareillement terminée. Les travaux sont portés en ce moment à celle du sud, qui a été clavée au mois de décembre. Puissent-ils continuer activement et nous donner bien vite un monument rétabli selon toutes les règles de l'admirable architecture byzantine [1].

[1] Les travaux de reconstruction ont fait trouver un certain nombre de statues, de chapiteaux, de monnaies, etc., que l'on a réunis en un même musée. Ces objets intéressent la science. Nous espérons que, la restauration finie, on publiera le journal des travaux.

Quant aux vitraux qui doivent décorer un jour notre basilique, il serait à souhaiter qu'ils reproduisissent les glorieuses traditions de l'Église du Périgord. Nous désirerions voir, au fond de la principale abside, Notre Seigneur, véritable Orient, Soleil de justice, de qui sont venus tout bien et tout don parfait. Dans les vitraux voisins, on mettrait l'apôtre saint Pierre envoyant saint Front, et nous rattachant ainsi à Jésus-Christ; saint Georges, évêque du Puy, accompagnant notre apôtre; saint Front arrivant à Vésone et la bénissant; saint Front à Neuilly; saint Front célébrant la messe, et une colombe lui apportant miraculeusement le vin du sacrifice; saint Front au tombeau de sainte Marthe, selon les détails qui se lisent dans les *Monuments inédits sur l'apostolat de sainte Marie-Magdeleine en Provence*, de M. Faillon, t. ɪ, pp. 1221, 1235, 1242; saint Front terrassant le dragon, et enfin, saint Front dans la gloire du Seigneur, protecteur de la ville, avec cette légende : *Hic est fratrum amator... Hic est qui multum orat pro populo et universa civitate :* Voilà l'ami de ses frères, voilà celui qui prie beaucoup pour le peuple et toute la contrée. A ses côtés, on verrait saint Anian, son disciple et son successeur, et les martyrs S. Silain, S. Séverin, S. Séverinien et S. Frontaise, « en dalmatiques rouges », tels qu'ils apparurent, selon la tradition, sur les murs de la Cité, menacée par les Normands[1].

Puisque le titre de saint Étienne a été transféré à Saint-Front, il serait pareillement à propos que l'on reproduisît le martyre du premier Diacre, et saint Front élevant à son honneur l'église de la Cité, autrefois cathédrale.

Dans la basilique du fondateur de la foi en Périgord, nous voudrions voir aussi tous les saints qui ont été en quelque rapport avec la religion chrétienne dans nos contrées : S. Cybar, S. Avit, S. Astier, S. Sour, S. Cyprien, S. Amand, S. Eusice, S. Antibe, S. Eumaque, Ste Léonie, S. Léonce, évêque; Ste Alvère, Ste Mondane, Stes Mennes et Gallos, S. Sacerdos, le B. Pierre Thomas, le B. Robert d'Arbrisselles, prêchant à Saint-Front son « divin sermon » ; le B. Geraud de Sales, fondateur de l'abbaye de Cadouin, si célèbre par son saint Suaire ; S. Clair, qui propagea la foi et opéra tant de prodiges en Périgord, au rapport des Bollandistes ; S. Junien, S. Aquilin, S. Bernard, qui vint à Périgueux, Bergerac, Sarlat, etc., et y fit des miracles ; S. Hilaire, avec son disciple S. Juste, au tombeau de saint Front ; S. Géry, archevêque de Cambrai, honorant les mêmes reliques; S. Vaast, « qui était d'origine périgourdine[2] ; » le pape S. Léon, et enfin Charlemagne, à qui le Périgord fut redevable de tant de bienfaits, que le diocèse de Sarlat, à l'exemple des églises des bords du Rhin, l'avait placé sur ses autels et célébrait sa fête le 28 janvier[3].

Il semble que tous ces vitraux, que tous ces personnages, que tous ces sujets, exécutés avec le talent qui caractérise ceux de la coupole de la Vierge, dus à M. Gérente, orneraient bien l'église de Saint-Front et y formeraient comme une hymne complète chantée à la gloire du Seigneur.

---

[1] *Estat*, etc , I, 202.

[2] Mss. Lép. t. XXXV. p. 79 *verso*.

[3] Si l'espace ne s'y refusait pas, ne pourrait-on point s'inspirant de l'ancien Propre, peindre aussi d'autres saints qui s'y trouvent indiqués et quelques-uns des premiers missionnaires qui vinrent avec saint Front prêcher la foi à nos pères, saint Martial, par exemple ; saint Saturnin, à cause des relations anciennes des deux chapitres, etc., etc ?

Enfin, une châsse précieuse, construite dans le genre byzantin, imitant s'il était possible celle que détruisirent les protestants, et ornée selon les traditions locales, recueillerait ce qui reste des reliques de saint Front, les exposerait à la vénération des fidèles, et serait comme une étincelle sacrée qui rallumerait la dévotion antique de nos pères envers le saint Fondateur de l'Église du Périgord.

Ce coup d'œil, quelque rapide qu'il soit, montre l'importance de la cathédrale. Elle résume tous les souvenirs de la ville actuelle de Périgueux. Elle en a été le germe, elle en a été la sauvegarde, elle en est, et en sera encore mieux l'ornement et la beauté. Plusieurs fois ravagée par les barbares, odieusement outragée par les protestants, couverte à la Révolution d'un voile de deuil, protégée par les Pontifes Romains, objet de la constante sollicitude de ses saints évêques, pieusement visitée par les foules aux temps de la piété, elle s'unit ainsi à tous les souvenirs de l'Église et de la patrie. « Édifice le plus complet de tous ceux qui remontent à l'an mille, œuvre de tous les temps et de tous les styles, depuis le dernier gothique jusqu'au roman, depuis le vrai byzantin de Byzance jusqu'au latin de Charlemagne ou de Clovis, » elle résume aussi tous les genres et toutes les traditions de l'architecture. Tant de beauté, tant de gloire, tant de souvenirs, tant d'antiquité, font déjà de notre Saint-Front la gloire du Périgord et de la France.

Arras, typ. Rousseau-Leroy, rue Saint-Maurice, 20.